tokura
window
ventana

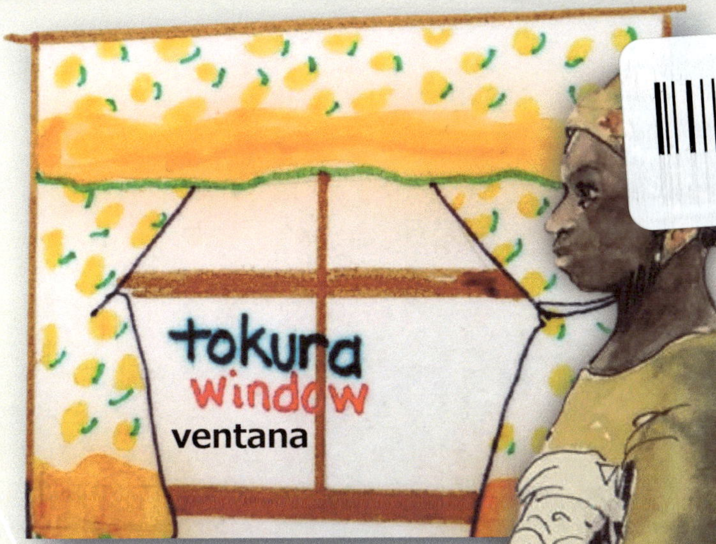

Este libro pertenece a:

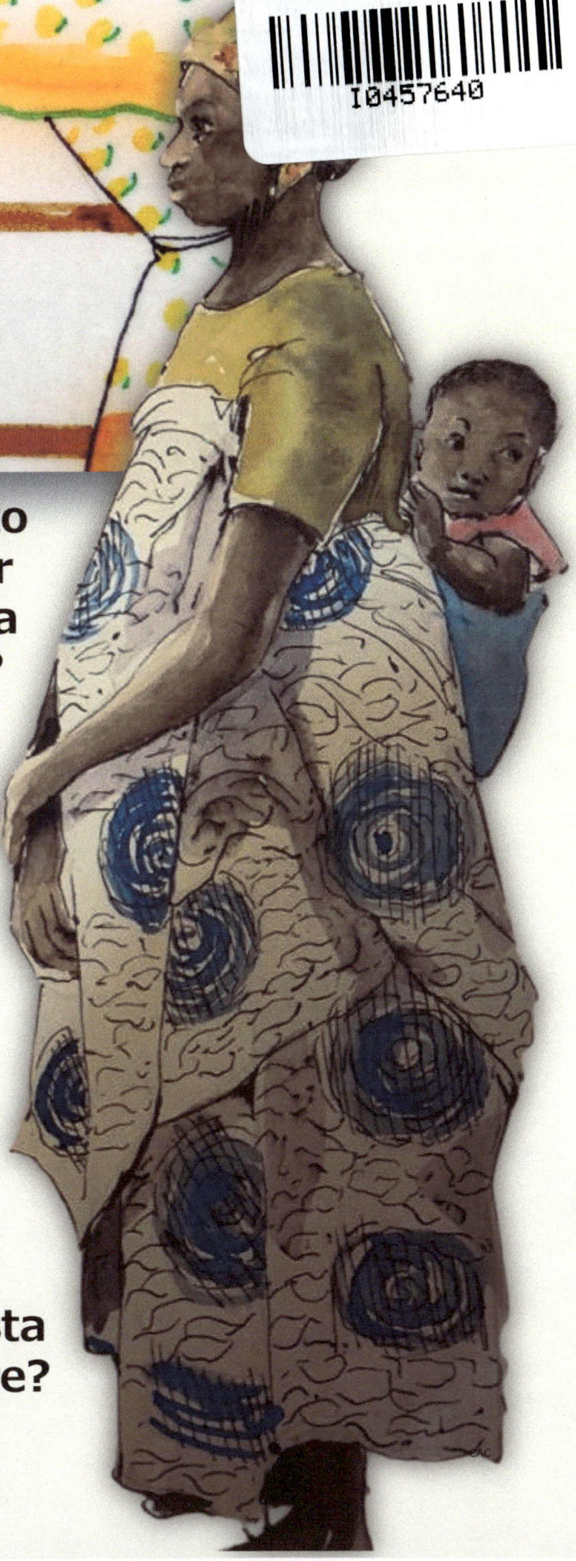

¿Estás listo para abrir una nueva ventana?

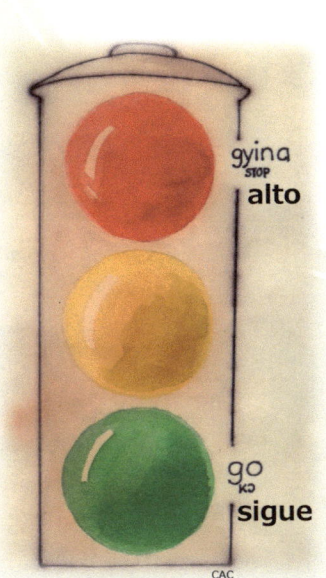

gyina
STOP
alto
go
kɔ
sigue
CAC

¿Puedes usar todas las letras, de la A hasta la Z, para explicar la historia de tu nombre?

Originally published as: *My Name is an Address*
Published by EduMatch®
PO Box 150324, Alexandria, VA 22315

www.edumatch.org

sarah@edumatch.org

ISBN: 978-1-953852-54-0

Agradecimientos:

*Mi Nombre se un Domicilio fue diseñado a través de una compilación de la
arte profesional de Carolyn Coffield Mends (CAC)
y la
auténtica colección de artefactos de Albion Mends III*

Asistencia creativa:
Albion Mends III and Effuah Sam

En memoria amorosa de Carolyn Coffield Mends, mi madre

Una nota de Ekuwah

Akwaaba! ¡Bienvenidos a la historia del ABC de mi nombre!
¿Sabías que un nombre incluye historia, geografía y migración? El idioma, la cultura y el patrimonio también están vinculados al nombre de una persona. Elegí usar las letras del abecedario para mostrar cuán anchos y profundos pueden ser los nombres.

Mi vida comenzó en Warrensburg, Missouri, pero ese no es mi domicilio. Soy la segunda hija de un inmigrante y un Afroamericano. "Mi nombre es un Domicilio" cuenta con la línea familiar de mi padre. Desafortunadamente, gran parte de la ascendencia Africana de mi madre es desconocida. Las líneas familiares fueron despojadas de los Africanos esclavizados, ya que eran transportadas involuntaria y forzosamente por todo el mundo.
La esclavitud, la guerra, el comercio, el colonialismo y otros acontecimientos mundiales cambiaron a las familias para siempre, incluida la mía. Estoy orgullosa de poder usar mi nombre y apellido para rastrear a los antepasados de mi padre hasta Ghana, África Occidental. Espero descubrir más información sobre el origen Africano de mi madre. Ella celebró de todo corazón nuestra herencia Ghanesa y las culturas del mundo.

Me llamo a mí misma "la diseñadora" de este libro porque la escritura a mano y los dibujos fueron pintados por mi excepcional madre. Las ilustraciones son una colección de los tesoros de mis padres. Las palabras son mi forma de explicar cómo encajan y dan forma a la persona que hoy soy.

Mientras lees, deseo que disfrutes de nuestras fotografías y artefactos. Qué sientan el amor y la guía de mis padres. Qué aprendan algo de nuestra cultura y tradiciones. Qué lean cómo abrazo mi nombre e identidad. Espero que obtengas herramientas para enfrentar los desafíos. Deseo que te inspires para investigar tu propio nombre. Qué escribas tu historia antes de que alguien más la comparta por ti.
¡Cuenta tu auténtica historia!
¡El mundo necesita escuchar tu voz!

THE ALPHABET IN PICTURES CAC

El abecedario en imágenes

Mi Nombre es un Domicilio

por
Ekuwah [Mends] Moses

Traducido por Lili Madiedo-Reyes

EduMatch®

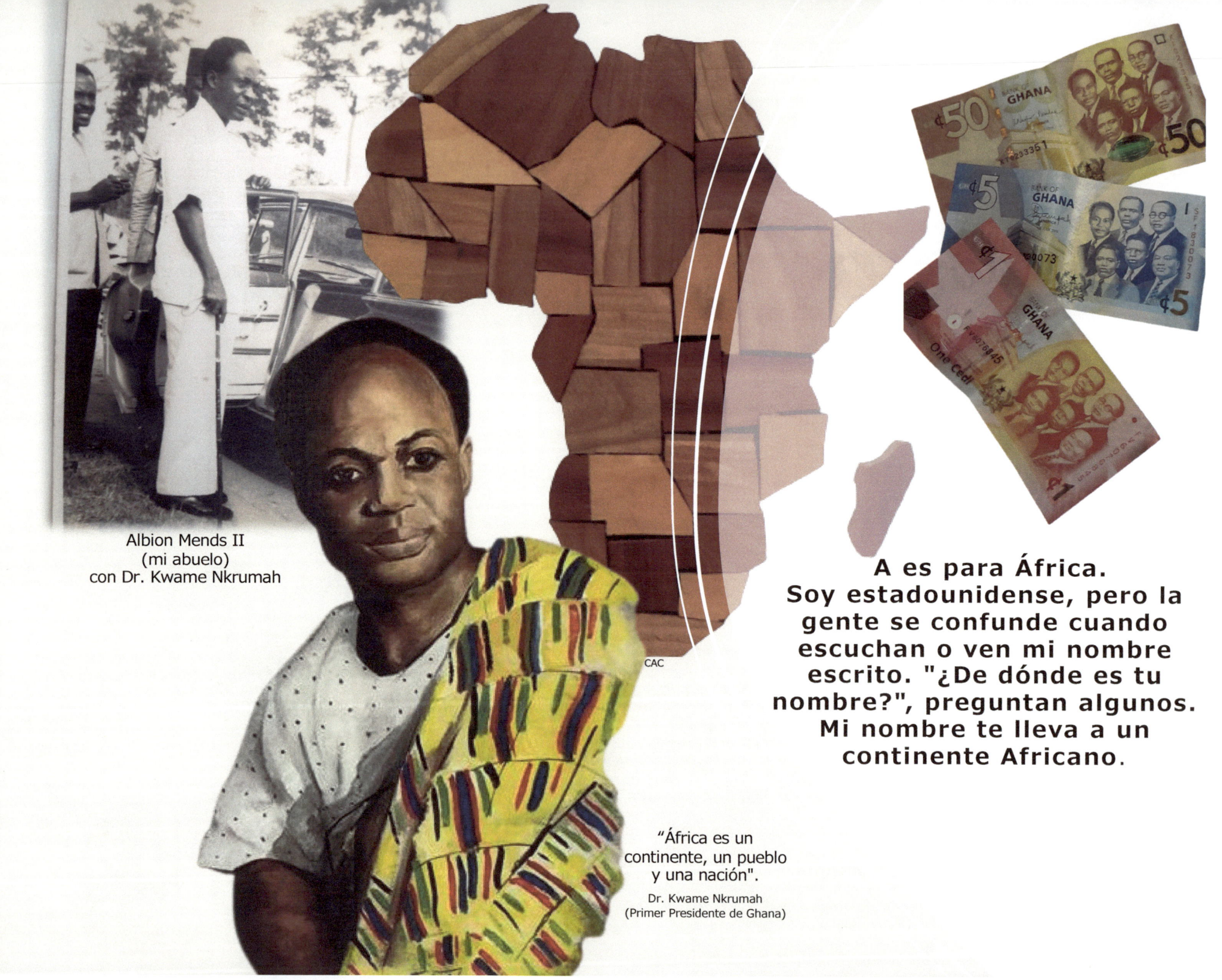

Albion Mends II
(mi abuelo)
con Dr. Kwame Nkrumah

CAC

A es para África.
Soy estadounidense, pero la
gente se confunde cuando
escuchan o ven mi nombre
escrito. "¿De dónde es tu
nombre?", preguntan algunos.
Mi nombre te lleva a un
continente Africano.

"África es un
continente, un pueblo
y una nación".

Dr. Kwame Nkrumah
(Primer Presidente de Ghana)

B es para barrio.
Mi padre nació en Cape Coast, Ghana.
Vivía en una casa compuesta de dos pisos.
Se encuentra en un barrio muy ocupado
llamado Kawanupadu. Nuestra familia
extensa todavía vive ahí. Generaciones de
fotos familiares se cuelgan en lo alto de
las paredes.

Albion Mends II
Georgina Isabella Sagoe
(la casa de mi abuela)

1940s · B71 Canaan Lodge
Saltpond, Ghana
(una mansión construida por Albion Mends I)

2020

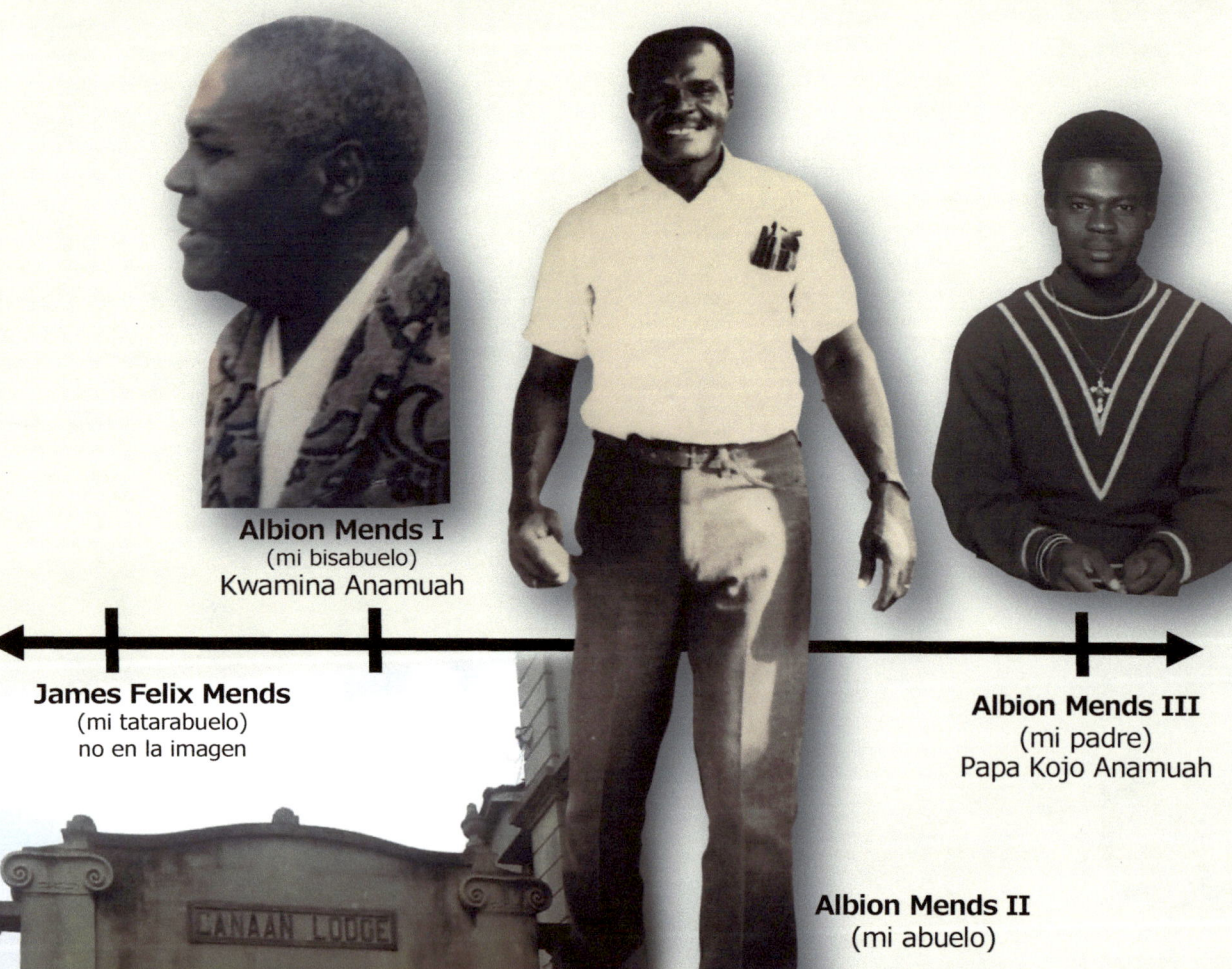

Albion Mends I
(mi bisabuelo)
Kwamina Anamuah

James Felix Mends
(mi tatarabuelo)
no en la imagen

Albion Mends III
(mi padre)
Papa Kojo Anamuah

Albion Mends II
(mi abuelo)

**C es para cambio.
Algunos Ghaneses costeros fueron bautizados y renombrados cuando se inscribieron en el sistema educativo Británico. Albion significa "Antigua Inglaterra". Mends puede estar vinculado a un almirante de la Marina Real Británica que patrulló la Costa de Oro. El nombre indígena de nuestra familia es Anamuah. Elegimos mantener el apellido Mends porque se remonta a nuestra familia. Hay personas con el mismo apellido en las ciudades de Cape Coast, Ada y Saltpond. Mends es mi apellido de soltera.**

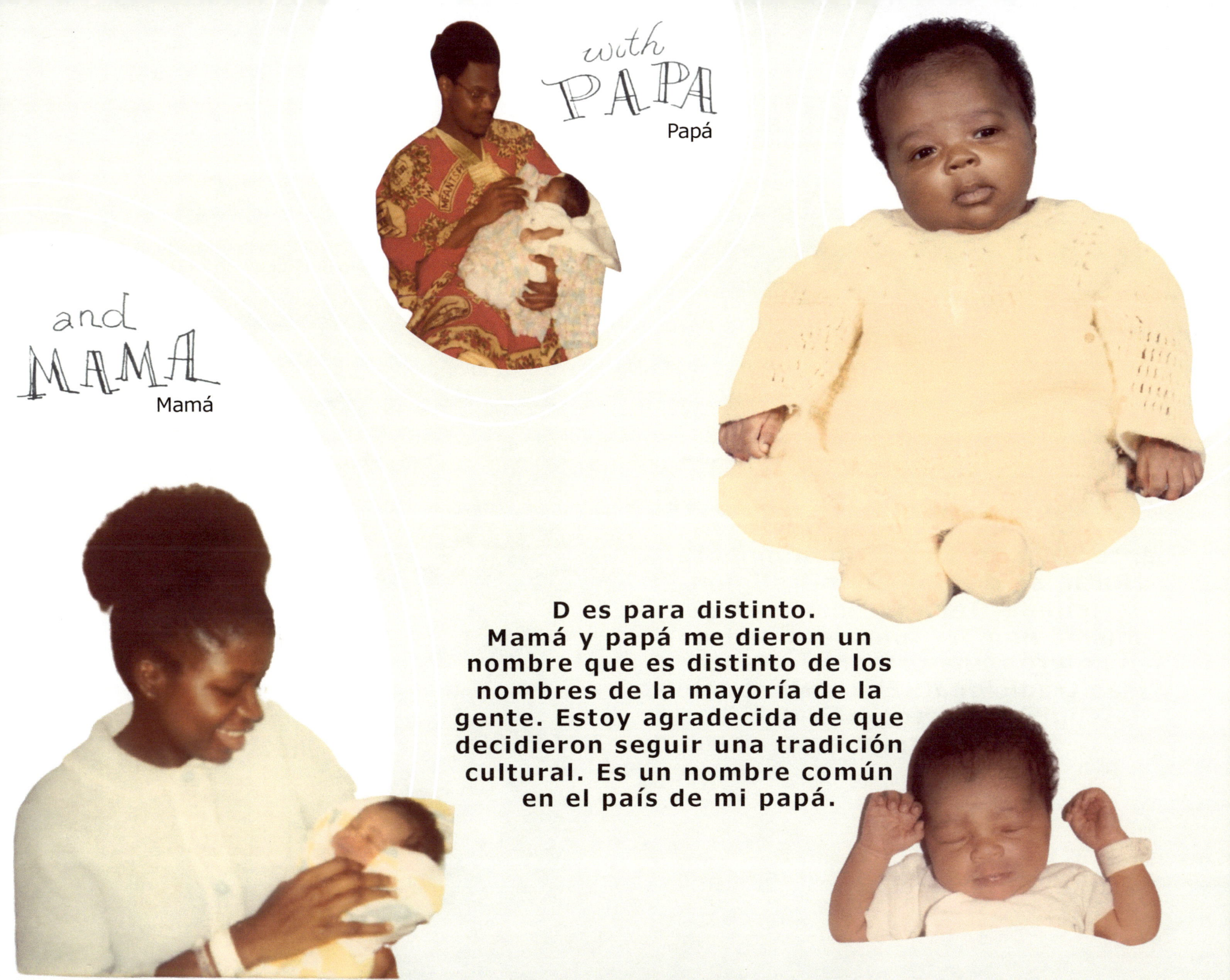

with **PAPA**
Papá

and **MAMA**
Mamá

D es para distinto.
Mamá y papá me dieron un nombre que es distinto de los nombres de la mayoría de la gente. Estoy agradecida de que decidieron seguir una tradición cultural. Es un nombre común en el país de mi papá.

Ekuwah escribe su nombre.

Feliz cumpleaños Ekuwah te queremos

E es para ejemplos.
Ekuwah es mi primer nombre y se origina del país de mis antepasados. Mi segundo nombre, Ruth, se origina en mi religión cristiana. Tengo primos con el mismo nombre, pero sus padres eligieron una ortografía Fante más tradicional: Ekua. Mi abuelo sugirió la ortografía de mi nombre.

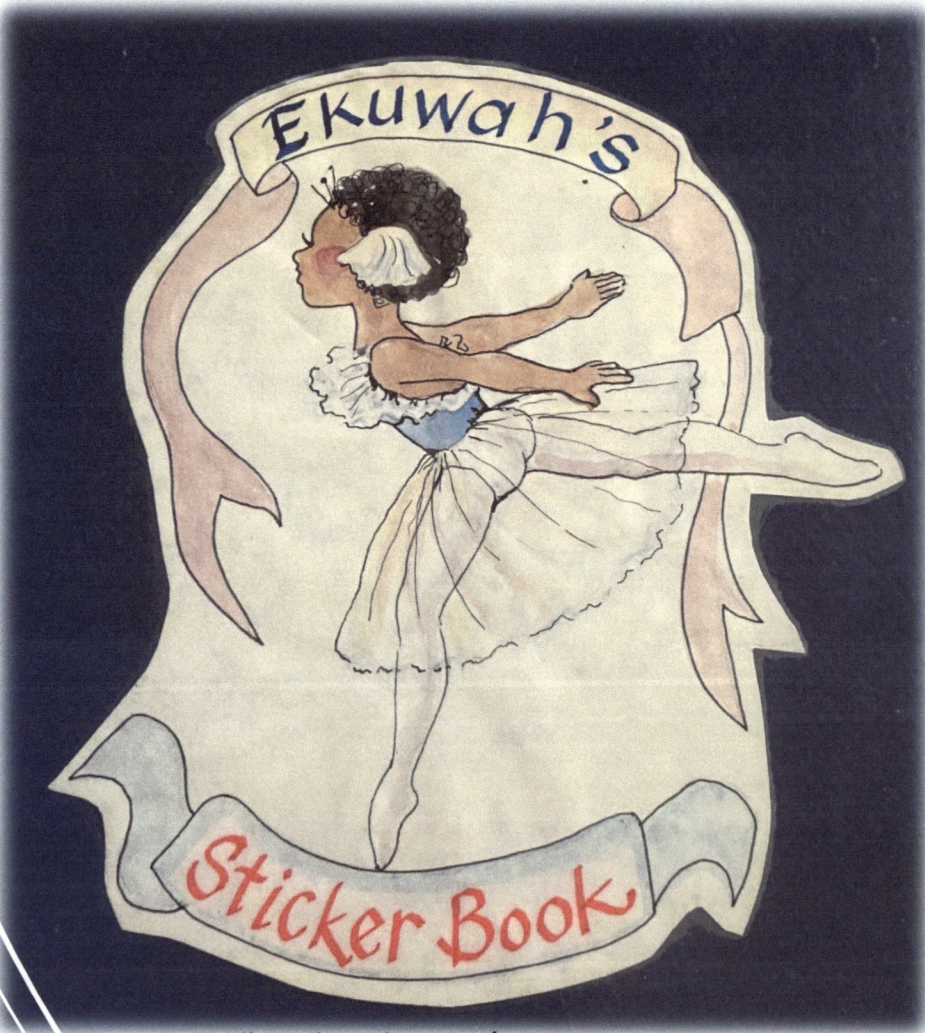

Libro de calcomanías de Ekuwah

F es para Fante.
Soy Fante. La gente de Fante vive principalmente a lo largo de las regiones costeras de Ghana. Los turistas visitan los castillos y calabozos para ver dónde los colonizadores Holandeses, Portugueses y Británicos mantenían a la gente esclavizada. Quieren aprender cómo los Africanos fueron capturados, torturados y exportados. Se preguntan cómo sus familias se vieron afectadas por el comercio de esclavos. Quieren descubrir si sus raíces conducen a Ghana.

DOOR OF RETURN

Cape Coast Calabozo de Esclavos
"Puerta de Retorno"
Julio 2013

NANA'S YARD IN GHANA

Cape Coast
1981

El patio en Ghana de Nana

Grilletes utilizados en personas esclavizadas

GHANA

Saludos de Ghana,
la tierra del oro

Greetings from Ghana.

Saludos de Ghana

G es para Ghana.
Ghana se encuentra en África occidental. Fue llamada la Costa de Oro hasta el final del dominio Británico. El Dr. Kwame Nkrumah anunció la independencia el 6 de marzo de 1957. Tengo la bendición de que me llamen más específicamente, una Ghanés-Estadounidense.

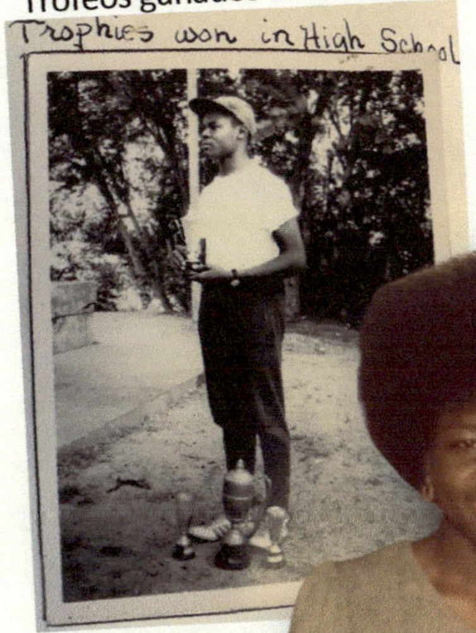

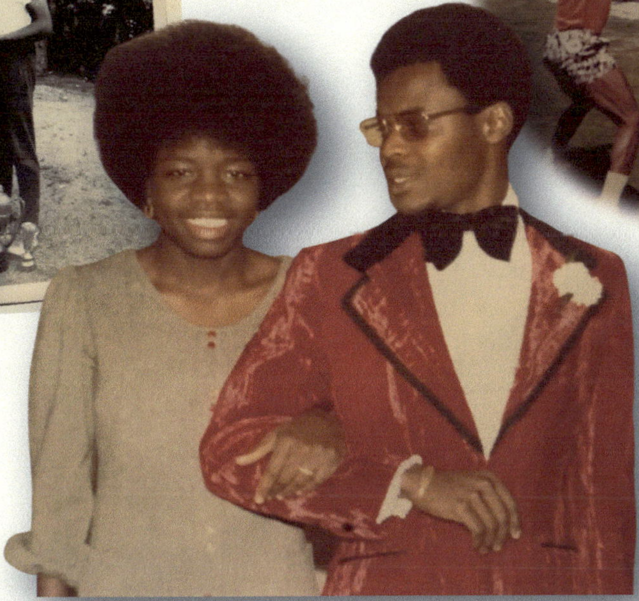

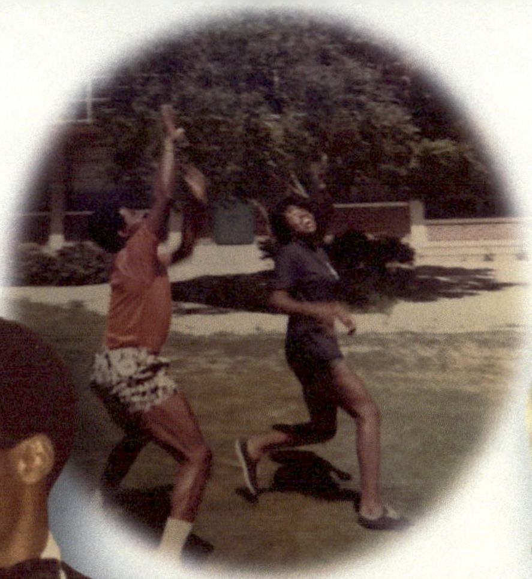

Albion Mends III
Carolyn Ann Coffield

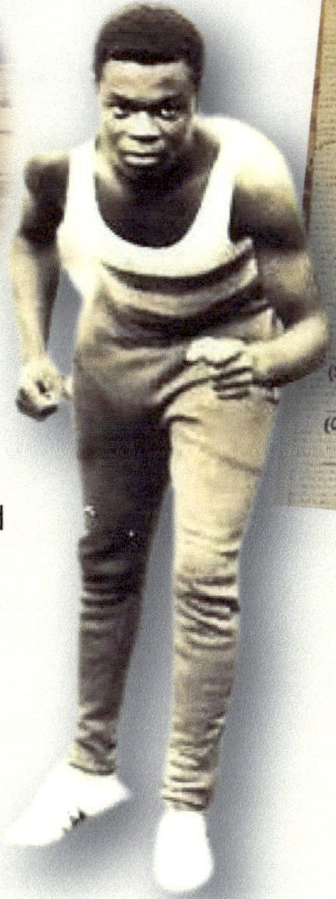

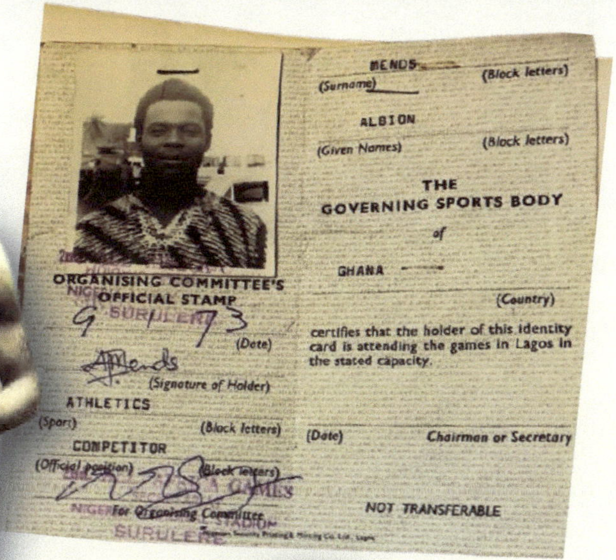

H es para hijos.
Mi padre es el mayor de nueve hermanos. Dejó Ghana, con el equipo nacional de atletismo, para entrenar en América. Esperaba obtener una educación superior y competir en los Juegos Olímpicos. Papá conoció a mi madre Afroamericana en la universidad. Tenían tantas esperanzas para su familia e hicieron la fe y el amor, la prioridad en nuestra vida diaria.

Graduación
Graduation

GHANA

Black HISTORY MONTH 1986
The International Connection

Mes de historia Afro-Americana 1986
La conexión internacional

International Club
Club internacional

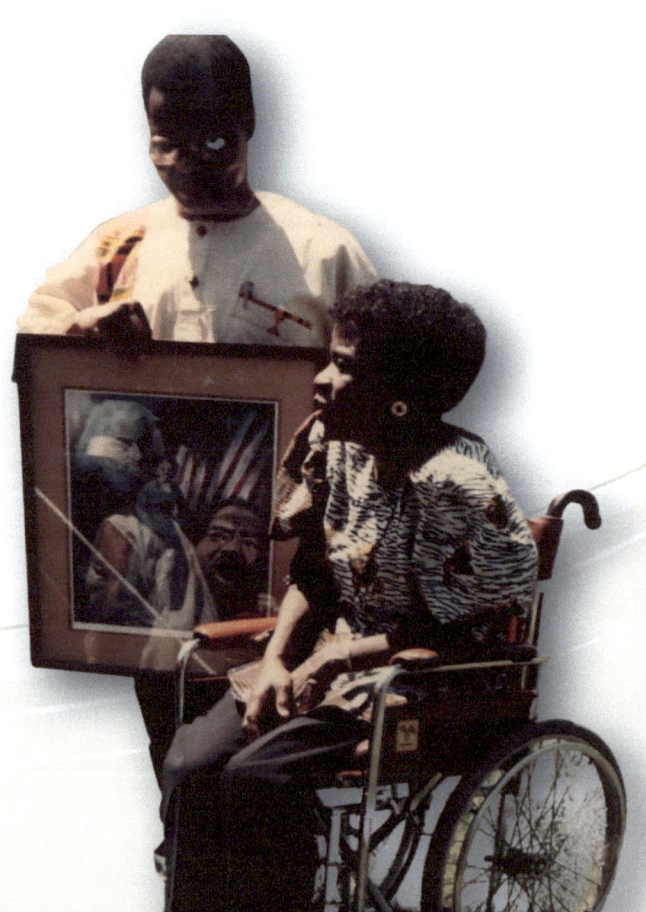

I es para identidad.
Mi identidad fue moldeada por las
acciones de mis padres.
Su compromiso con la familia y la
comunidad me dio las respuestas
a mis preguntas:
"¿Quién soy?
¿De dónde vengo?
¿A dónde pertenezco?
¿Cómo puedo hacer una diferencia
en el mundo?"

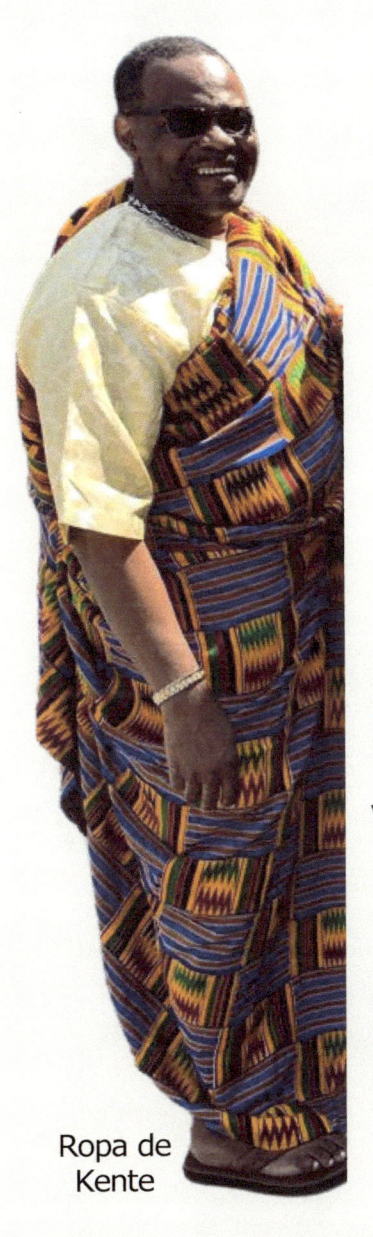

Ropa de
Kente

GREETINGS FROM GHANA

Saludos de Ghana

J es para juegos.
Tremenda alegría llenaba
mi corazón cuando mi papá
visitaba mi escuela. Tocaba
instrumentos tradicionales
y enseñaba juegos clásicos.
Pasábamos artefactos
culturales. Los estudiantes
hacían preguntas sobre mi
nombre y cómo mi familia
salió de Ghana. Le pedían a
mi papá que describiera la
vida en su país.

K es para kind (amable).

Los niños se burlaban de mí y me llamaban "Hakuna Matata". Su canto y risa me hicieron sentir que no encajaba. Me sentí sola y avergonzada de mi nombre. Mis padres hablaron conmigo y me ayudaron aumentar mi confianza. Me dijeron que fuera amable y que recordara nuestros valores familiares.

Have a good day, little love
Papa and Mama

Que tengas un buen día, amorcito
papá y mamá

Smiles, Tears,
Solemn Faces

sonrisas, lágrimas,
rostros solemnes

Trying to Keep
COOL

Tratando de
mantener la calma

L es para legado.
Por la noche, mamá y yo pintábamos y elaborábamos cuadros. Agregar tela ayudó a que el arte se viera más auténticamente Africano. Ella me mostró cómo aprender de mis errores y ser una maestra creativa. Su arte es un legado colorido.

Arte Folclórica en tela (CAC)

Sandalias auténticas de Kente

huevos

Kyirefuwa
egg

nam
fish

pescados

Ano
MOUTH
boca

M es para menú.
Mi nombre también proviene de una rica cultura culinaria. Los alimentos están hechos para unir a las familias. Ghana es famosa por el fufu, el arroz jollof, los plátanos fritos, los guisos de carne y las salsas picantes. Hacemos estos platos en Estados Unidos, pero a veces es difícil encontrar alimentos, especias y herramientas para hacer las comidas deliciosas exactas.

EKUWAH

N es para nombre.
Los profesores siempre pronunciaban mal mi nombre y me preguntaban si tenía un apodo. Les dije que no, y cortésmente les enseñé a decir mi nombre. Los corregía con gracia cuando practicaban la pronunciación. Me gusta mi nombre. Soy yo misma. No quiero que mi nombre se cambie o borre.

CAC

La ceremonia
de "Outdooring"
de mi hijo

abofra
"BABY"
bebé

Outdooring

O es para observación.
Una ceremonia de nombramiento tuvo lugar
ocho días después de mi nacimiento.
Un "Outdooring" es un momento para dar
bendiciones y regalos para el bebé. Se pidió a
familiares y amigos que se vistieran de blanco.
Papá quería que nuestros amigos de Missouri
observaran que la cultura comienza desde el
nacimiento y viaja con nosotros.

Ghana

Vuela con Ghana Airways

1997

P es para país.
Estoy vinculada a las historias pasadas, presentes y futuras de Ghana. Mi nombre y acciones representan al país y a su gente como un anuncio de viajes o una cartelera móvil.

The Last Plane Ride on TWA.

El último viaje en avión de TWA

THE TRIP OF A LIFETIME !!
FEBRUARY 14 - MARCH 14, 1981
ROME, GHANA, LONDON

¡Un viaje inolvidable!
14 de febrero – 14 de marzo, 1981

Q es para querido.
Mis padres sabían que tendría muchas preguntas. Mamá creó unos libros muy queridos para que yo aprendiera sobre Ghana. Las páginas incluían el inglés y el idioma Fante. Leemos esos libros juntos una y otra vez. Todavía hago preguntas y trato de aprender más sobre nuestro idioma, historia y cultura cada día.

MOBUUKUU
A ODZIKAN
My First Book

Mi primer libro

CAC

Mema wo akye
"GOOD MORNING!"
Buenos días

BUILDING *Baby Mend's* EARLY YEARS primeros años

Mefie

My House

Mi casa

R es para raíces.
Mi familia colocó un brazalete Sankofa de oro
en una cápsula del tiempo. Mamá la enterró
debajo de un árbol en mi primer cumpleaños.
Nos recuerda que debemos seguir creciendo en
nuestra vida. Mis raíces comenzaron mucho
antes del comercio de esclavos y la
colonización.

60°
aniversario

S es para símbolo.
En Ghana, Sankofa significa "volver a
buscarlo". Es un símbolo Adinkra de
sabiduría - aprendiendo del pasado,
en la construcción para el futuro.
El símbolo a menudo se imprime en
las telas, la madera y mucho más.

T es para tesoros.
Mamá y papá nos enseñaron a valorar el arte de Ghana. Tenemos artefactos hechos a mano únicos de nuestras visitas. Las decoraciones en mi casa apuntan a un domicilio al igual que mi nombre.

2013

March, 10, 1989 Test Spelling Lesson 26 Ekuwah

10 de marzo de 1989 Prueba de Ortografía Lección 26 de Ekuwah

1. hoped
2. future
3. taped
4. dripping
5. huge
6. fitness
7. temperature
8. catch
9. trimm
10. pea
11. sh
12. ho
13. fu
14. clappe
15. pictur
16. san ch
17.
18. lanches
19. sadly
20. packag
21. orange

A+ great!

U es para única.
Hay muchas chicas en el
mundo llamadas Ekuwah,
pero yo soy única. Mis
pasatiempos, talentos,
experiencias, metas y logros
me hacen única.

Arte Folclórica en tela (CAC)

V es para variedad.
Hay paz entre las muchas
tribus de Ghana. El idioma,
la comida, la religión y los
festivales varían según la
región. La tribu Ashanti
deletrea y dice mi nombre
de manera diferente - Akua.

Arte Folclórica en tela (CAC)

boy — the name will be

Niño – el nombre será

domingo	SUNDAY	KWESI DAVID
lunes	MONDAY	KODWO DAVID
martes	TUESDAY	KOBENA DAVID
miércoles	WEDNESDAY	KWEKU DAVID
jueves	THURSDAY	DAVID ANAMOAH
viernes	FRIDAY	KOFI DAVID
sábado	SATURDAY	KWAME DAVID

David – Hebrew meaning "BELOVED ONE"

David – En Hebreo significa "amado"

girl — the name will be

Niña – el nombre será

domingo	SUNDAY	EWURESI RUTH
lunes	MONDAY	ADWOWA RUTH
martes	TUESDAY	ARABA RUTH
miércoles	WEDNESDAY	EKUWAH RUTH
jueves	THURSDAY	ABA RUTH
viernes	FRIDAY	EFFUAH-RUTH
sábado	SATURDAY	AMA RUTH

Ruth – Hebrew meaning "FRIEND"

Ruth – En Hebreo significa "amiga"

W es para Wednesday (miércoles).
**Ekuwah identifica el día de la semana en que nací y mi género.
Soy una niña nacida el miércoles. Los bebés nacidos el miércoles
son famosos y valientes, ¡Pregúntale a Kweku Anansi la Araña!**

¡Vuela águila tienes el poder de volar no eres una gallina!

SOAR ! *EAGLE!*
You have POWER to fly !
YOU are NOT a Chicken !

Unidos estamos de pie, divididos caemos
(hecho de una pieza de madera)

Tarjeta de motivación (basada en el cuento
popular del águila criada entre gallina)

X es para éxito.
La variedad en Ghana da
oportunidades. Se espera trabajo
duro y perseverancia. El pueblo me
ayuda a tener mejores valores. Me
recuerdan que debo levantarme de
nuevo cuando caigo y seguir
luchando. La creencia cultural es,
"Tu éxito es nuestro éxito."

Y es para yo.
Como dicen los ancianos en una ceremonia de Outdooring, "Deja que tu 'sí' sea 'sí', y tu 'no' sea 'no'". Siempre me esfuerzo yo por ser honesta. La vida y un buen apellido son frágiles. Elijo manejar ambos con mucho cuidado.

Escultura de huevos que representa la fragilidad de la vida

Z es para zest (entusiasmo).
Mi abuelo tiene 103 años y vive la vida con entusiasmo. Le gusta hacer bromas ingeniosas, dar una sonrisa amorosa o cantar inesperadamente una melodía inspiradora. Estoy orgullosa de representarlo a el, mi familia, al país de Ghana y a los antepasados Africanos que me ayudaron en el camino. Mi nombre es un domicilio. ¿Cuál es tu domicilio?

1976

1998
(mi boda)

2015

Albion Mends II
2021

Guía de Pronunciación

	Pronunciación común en Akan	Significado
adinkra	ah-DINK-ra	adiós o despedida
Akua	ay-KWEE-ah	Niña "Nacida en miércoles"
Ashanti	ah-SHAN-tee	Un importante grupo étnico que vive en el centro de Ghana
Ekuwah Ekua	ay-KOO-ah	Niña "Nacida en miércoles"
Fante	FAHN-tee	La gente de Akan
Kawanupadu	ka-WAH-nu-PAA-du	Cállate la boca
sankofa	san-KO-fah	Aprender del pasado para construir el futuro

Visita mi sitio web para obtener más pronunciaciones, videos, actividades y una guía de platica.

 # Ekuwah.com

¿Cuál es tu nombre Ghanés?

La mayoría de los nombres Ghaneses se basan en el día del nacimiento de un niño y su género. Visita mi sitio web para ingresar tu fecha de nacimiento y género. Luego, lee y escucha tu nombre en el idioma más hablado en Ghana.

Esta es una pintura incompleta de mi madre entre las pintura que nunca completo.

¡Llamado a la acción!
Pregunta, escucha, practica y aprende a decir los nombres de las personas que conoces. Puede que te sientas incómodo y cometas errores. ¡Está bien! Siempre has todo lo posible para hacerlo mejor. Esta es la clave para respetar a los demás y construir relaciones.

Carolyn Coffield Mends (CAC)

(3 de enero de 1951 – 13 de julio de 2017)

Carolyn Ann Coffield nació en Hobbs, Nuevo México. El 27 de enero de 1973, ella y Albion Mends III se unieron en matrimonio en Portales, Nuevo México. Se mudaron a Warrensburg, Missouri en 1974. En 1975, fue diagnosticada con esclerosis múltiple (EM) y sobrevivió a un diagnóstico de cáncer de mama en 1996. La Sra. Mends se negó a dejar que definiera su vida o afectara su don de dar y servir.

Carolyn también fue una gran artista galardonada con obras exhibidas, vendidas y distribuidas en todo el mundo. A menudo afirmaba que su talento era un don natural ampliado por el estudio académico. Obtuvo su licenciatura en arte y una maestría en educación secundaria de la Universidad de Eastern New Mexico en Portales, Nuevo México.

Fue una asesora académica impactante en la Universidad de Central Missouri State (ahora UCM) durante 22 años. Carolyn trabajó con miles de estudiantes en este papel y como asesora de organización estudiantil o co-asesora con su esposo. Sirviendo en The Association of Black Collegiates, Harambee y Sisters of Ujima (una organización que ella misma fundó y creó), también sirvió en varios comités y ayudó en iniciativas universitarias. Recibió numerosos reconocimientos, premios y honores por su trabajo en asuntos estudiantiles.

Escrito por Effuah Sam

MoDOT ADOPT-A-HIGHWAY
Litter Cleanup
1.0 Miles

SISTERS OF UJIMA®
FOUNDED BY
CAROLYN MENDS

CAC

Acerca de Ekuwah

Ekuwah [Mends] Moses tiene una licenciatura en Educación Primaria y Educación Infantil de la Universidad de Central Missouri. Ella tiene una maestría en Enseñanza y Aprendizaje - Lectura Elemental de la Universidad Southeastern Nova. Es una autora publicada de la Asociación Internacional de Alfabetización, aprendiendo al lado de educadores y familias en Las Vegas, Nevada. Lleva 21 años en la educación. Anteriormente trabajó como entrenadora de instrucción de la zona de rendimiento, especialista en alfabetización de Kínder-5º grado, estratega de aprendizaje y maestra de primaria. Ekuwah valora el tiempo de calidad con su esposo y dos adolescentes. Este es su primer libro infantil. Ekuwah le invita a ponerse en contacto con ella a través de su página web o las redes sociales.

#MyNameIsAnAddress

Website: ekuwah.com

Twitter: @Ekuwah

Instagram: @ekuwah_m

Facebook: Ekuwah Moses, Author

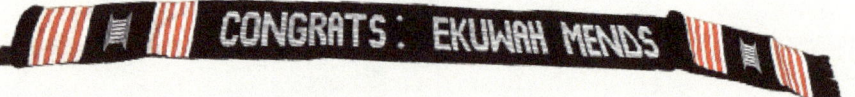

Acerca de Lili

Lili Madiedo-Reyes es originaria de Cali Colombia, América del Sur. Ella trabaja junto a Ekuwah como Intérprete Bilingüe en Las Vegas, Nevada. Lili también proporciona servicios de traducción/interpretación para el sistema judicial federal en Las Vegas. Durante su tiempo libre, Lili disfruta ir de viaje con su esposo y perrito, Brucie.

www.ingramcontent.com/pod-product-compliance
Lightning Source LLC
Chambersburg PA
CBHW040818120626

46551CB00004B/596